法治文化
经典传承
丛　　书

孩子爱读的法律故事

从上古到明清

甘　棠◎著
孙燕子◎绘

4 唐·宋

法律出版社 LAW PRESS · CHINA
北京

目录

壹

壹

太宗纵囚

——唐太宗 李世民

趣读故事

小朋友，请你想一想，如果把判了死刑的囚犯放出监狱，会发生什么事情呢？

你可能会说，谁会做这么傻的事情啊？如果真有这样的好事，那囚犯一定会有多远跑多远，再也不回来了。

但在我国历史上，确实发生过这样的

事。而且，不是一个死囚，而是几百个死囚，同时被放出了监狱。更神奇的是，在一年后的同一个时间，这几百个人又同时回到了监狱。这是为什么呢？我们来讲一讲这个故事。

唐朝的第二位皇帝名叫李世民，这位可是大名鼎鼎。小朋友们在学校会读到毛泽东写的一首词《沁园春·雪》，里面就有一句：“惜秦皇汉武，略输文采；唐宗宋祖，稍逊风骚。一代天骄，成吉思汗，只识弯弓射大雕。”

这里面提到的“唐宗”，指的就是唐太宗李世民，在古代中国封建社会数千年的历史长河中，他是以文治武功著称的皇帝之一，对内文治天下，实现了国泰民安，开创“贞观之治”；对外开疆拓土，扬威四方，被周边各民族尊称为“天可汗”，为唐朝的盛世奠定了重要基础。

历史上流传下来许多关于李世民治理国家的故事，其中有这么一件事。

有一年冬天，快要过春节了，李世民出巡，路过一座监狱时，听到里面哭声震天，他便招来狱卒问这是什么情况。

狱卒说：“陛下，哭泣的都是今年冬天要处决的死囚，快过年了，他们不仅不能和家人团圆，还马上就要被处死，所以才哭得这么厉害。”

在我国古代，执行死刑一般都是在秋冬季。那时候是农耕社会，春、夏、秋三个季节要忙着耕作或收获。等秋天结束，冬天来了，庄稼也都收割完了，就该处理其他的事情。有一个词语叫作“秋后算账”，就是这个意思。

汉朝著名思想家董仲舒认为，春天万物生长，夏天茂盛繁荣，秋天硕果累累，冬天一片肃杀，这就是天地万物运行的规律，我们人类的活动也要遵循这样的规律，到冬天才能执行死刑。

话说回来，李世民听到囚犯凄惨的哭声，心生同情，灵光一闪，想出一个主意。

“不如把他们放回家跟家人好好过个年，等到明年秋天，再回来受刑，你们觉得怎么样啊？”

大臣们听了，大惊失色，纷纷劝阻道：“皇上不可！这些人都是重刑犯，放了可就抓不回来了。”“万一放出去，他们再犯案怎么办呢？”“这不符合法律规定啊，不能这么干！”……

一向善于纳谏(jiàn)的李世民，这次偏偏一意孤行，非要这么干。在那个时代，皇帝金口玉言，说的话就是圣旨，大臣们不敢不从，只能照办。

囚犯们接到通知，完全不敢相信自己的耳

朵，天底下还能有这样的好事？他们赶紧跪下来三呼万岁，感谢皇恩浩荡，并指天发誓，表示来年秋天一定会准时回来。

虽然大臣们都胆战心惊，但到了第二年秋天，所有囚犯均如约返回监狱，没有一人趁机逃跑。

李世民很高兴，为表彰他们信守诺言的行为，下令免除了这些人的死罪。

这件事情一时传为美谈。

那么问题来了，李世民真的是一时心血来潮吗？

可以肯定地说，并不是。

李世民是一位成熟的政治家，之所以执意要做这件违反法律而且风险极大的事，自有其深意。

究其原因，和一个人有关。这个人叫张蕴(yùn)古，曾任职于大理寺。大理寺是唐朝最高司法机构，相当于今天的最高人民法院。张蕴古也就相当于现在最高人民法院的一名法官。

张蕴古断案宽仁谨慎。在他担任法官的那一年，全国的死刑犯只有 29 人。

有一个名叫李好德的人，爱胡说八道，常常在大街上骂人，严重起来还打人，于是就被抓进大牢了。

张蕴古经过调查，发现李好德患有精神疾病。根据当时的法律，精神病人犯罪可以根据具体情况减免处罚。

李世民听了张蕴古的汇报，就准备把李好德放了。

张蕴古很同情这个精神病人，马上跑到大牢里去，把这个好消息告诉了李好德。也不知道是怎么回事，两个人居然还一块儿下起棋来。

这下可坏了，一个平时就和张蕴古关系不太好的官员正巧看到了这一幕，立马跑去报告皇帝，还添油加醋了一番，说李好德的哥哥担任张蕴古家乡的官员，张蕴古定然是为了讨好他而徇(xùn)私枉法，编造了李好德患有精神病的借口欺骗皇帝，从而帮助李好德逃脱法律制裁。

李世民听后勃然大怒。未经调查便当即下令，把张蕴古给杀了。

张蕴古就这样莫名其妙地被杀了。接替张蕴古的官员胆战心惊，担心自己重蹈张蕴古的覆辙，判案一律从严，生怕再错放了谁，惹怒皇帝，自己也性命不保。

第二年，死刑犯的数量一下子飙升到390人。从29增长到390，可见当时执法的严苛程度。实际上，这里面很多人根本罪不至死。

李世民发现了这个问题，经过一番调查之后，也明白了张蕴古是被冤枉的。但是在古代，皇帝的地位至高无上，怎么肯承认自己的错误呢？

经过深思熟虑，李世民想出了纵囚这一招，以此向大家表明态度，以后执法的尺度还是要放宽一些的。

不仅如此，李世民还更改了死刑制度，要求被判处死刑的案子，要上报三次，才能执行。后来他觉得不够，又改成要上报五次。

这项制度一直延续下来。

今天，我国也实行死刑复核制度，死刑除依法由最高人民法院判决的以外，一律要报最高人民法院核准。

在那个皇权至上的年代，皇帝的意志高于一切，他们可以绕过法律的约束，随意剥夺他人的生命，这是一种极其可怕的权力。即便是如李世民这样在封建时代享有盛誉的英明君主，也未能免俗，犯下了严重的错误。虽然，他善于反思和及时总结，避免了更严重的后果发生，但已逝的张蕴古再也无法复生。

随着历史的车轮滚滚向前，对生命的尊重逐渐成为社会的共识。“慎刑”这一理念，即审慎地适用刑罚，防止冤假错案发生的理念，逐渐占据了法治思想的主导地位。法律从残酷到文明，从专断到审慎的演变过程，不仅标志着法治的进步，更是人类文明发展的体现。

思考一下

小朋友，你们觉得，这些囚犯为什么都如约准时回来了呢？他们真的是被李世民感化了吗？

学点古文

四年，天下断死罪二十九人。六年，亲录囚徒，闵死罪者三百九十人，纵之还家，期以明年秋即刑；及期，囚皆诣朝堂，无后者，太宗嘉其诚信，悉原之。

——《新唐书·刑法志》

古文今译

贞观四年，天下判死刑的有29人。贞观六年，李世民亲自审查囚犯，将犯了死罪的390人放回家去，说好来年秋天回来受刑；日子到了，囚犯全部都回来了，没有来晚的，太宗表彰他们的诚信，特赦了他们。

法制课堂

慎刑理念与死刑复核

中华法系一直有着德主刑辅、明德慎罚的慎刑思想。慎刑，就是审慎适用刑罚。

《尚书·大禹谟》中记载：“罪疑惟轻，功疑惟重。与其杀不辜，宁失不经。”意思是有疑问的罪行，要从轻处理，有疑问的功劳，要从重奖赏。比起错杀一个无辜的人，宁愿犯下不严格执法的错误。

在现代，疑罪从无也是我国一项重要的刑事司法政策，在不能证明被告人有罪，又不能证明被告人无罪时，应推定其无罪。慎刑思想对于防范冤假错案、保障人权具有重要的意义。

死刑复核制度也是慎刑思想的重要体现。死刑是剥夺犯罪分子生命的刑罚，必须严格依法控制适用。

《中华人民共和国刑法》规定，死刑除依法由最高人民法院判决的以外，都应当报请最高人民法院核准。死刑缓期执行的，可以由高级人民法院判决或者核准。

成语积累

大名鼎鼎 鼎鼎：盛大的样子。形容名气很大。

深思熟虑 深、熟：指程度深。深入反复地思索。

心血来潮 来潮：潮水上涨。指心中对某人或某事突然发生感应而预知，亦指心里突然产生某个念头。

添油加醋 比喻夸大事实，增添原来没有的内容。

徇私枉法 徇：屈从；枉：歪曲。指屈从于私情而违法乱纪。

贰

贰

大唐狄公

——狄仁杰

趣读故事

唐朝初期，名臣良将如群星闪耀。为了表彰功臣，唐太宗李世民建造凌烟阁，在里面挂上二十四位开国功臣的画像。这些功臣为唐朝建立了赫赫之功，其中有忠诚正直、勇于进谏的魏征；有决策千里、战无不胜的李靖；有勇冠三军、屡立战功的尉迟敬德；还有分别善于谋划和决断的房玄龄和杜如晦，被称为“房谋杜断”，是唐朝宰相里的“最佳搭档”。

到了女皇武则天时期，也出现了一位名臣，为二十四位开国功臣画像的唐代画家阎立本曾盛赞他：“这是我一见到就想为他画像的人。”

这个人，就是狄仁杰。狄仁杰曾官拜宰相，他的故事在后世被百般演绎，有一位来自荷兰的外交官高罗佩从中得到灵感，写了一本侦探小说《大唐狄公案》。在这本书里，狄仁杰是胸怀正义、心细如发的神探形象，与英国文学中的著名侦探福尔摩斯遥相辉映，因此，狄仁杰也被称为“东方福尔摩斯”。

在现代，狄仁杰的形象在影视剧中大放异彩，剧中的狄仁杰刚正不阿、执法严明，善于抽丝剥茧，解决各种错综复杂的阴谋案件，最终惩奸除恶。虽然影视剧中的故事大多是编剧们想象出来的，但历史上真实的狄仁杰也拥有跌宕起伏、精彩纷呈的一生。今天，我们就来讲一讲狄仁杰的故事。

狄仁杰出生于唐代并州太原（今山西省太原市）一个官员家庭，从小就聪慧过人、与众不同。

狄仁杰小的时候，有一天，他家附近发生

了命案，官府派了官吏来调查，家里的人都跑过去瞧热闹，唯独狄仁杰没有出来。

大家回去一看，发现他正端坐在书桌前聚精会神地看书呢，对外面的喧闹充耳不闻。

大家问他为什么不出来。狄仁杰不慌不忙地说："我正在和书中的圣贤对话呢，哪有时间理会这些俗人俗事呢？"

长大后，狄仁杰顺利通过考试，步入官场。他的第一份工作是汴州（今河南省开封市）判佐，是负责断案的基层司法官员。

狄仁杰对待工作严肃认真，执法严格，却因此得罪了一位同事。在一起案件中，一方当事人是这位同事的亲戚，同事找到狄仁杰，希

学不可以已

望他能够作出有利于自己亲戚的裁判。这种违法的请求，被狄仁杰严词拒绝。没想到，这位同事竟然向上级诬告他贪赃枉法。

负责调查这件事的上级官员正是阎立本，阎立本不仅画画厉害，还是一位能干的官员，官至宰相。

阎立本找来狄仁杰调查此事，狄仁杰一点都不慌乱，而是沉着冷静、有条有理地解释了事情的来龙去脉，还将同事的诬告原因和心理活动分析得鞭辟入里。

阎立本大为赞赏，夸赞狄仁杰说：“孔子说过，看一个人犯的过错，就可以了解他的为人。

如果不是被诬告，我还不知道有你这样的人才呢！你可算得上是沧海中遗留的一颗珍珠了！”

这是很高的评价了，由此还创造了一个成语：沧海遗珠。

后来，阎立本向朝廷大力举荐狄仁杰。很快，狄仁杰升任并州法曹，依然负责司法断案工作。

在这个职位上，狄仁杰一干就是十余年。因为他判案公正，没有发生过冤案，朝廷认可他的才干，任命他为大理丞。

大理丞是大理寺的官员，负责中央各部门和地方各州司法案件的复审，职责十分重要。而且当时大理寺案多人少的矛盾非常突出，时间一长，案件积压成山，监狱内犯人人满为患，得不到及时审理。

狄仁杰上任以后，没日没夜地工作，据说他在一年之内便审理了涉及1.7万人的积压案

件，还没有一个人喊冤。

大理寺的领导和同事们都高兴得不得了，到了年终考评，给他评了个中上等。

唐朝对官员的管理很严格，每到年底都要进行考评。就像小朋友们要期末考试一样，他们的成绩分为上上、上中、上下；中上、中中、中下；下上、下中、下下九个等次。一般能得到中上等的就是最优秀的官员，上上、上中、上下这三个等次几乎没人能评上。

狄仁杰得到中上等的考评充分体现了大理寺对他的认可，可这个考评结果报到宰相刘仁轨那里，却受到了质疑。

“这个人是新上任的，怎么就能评上中上等呢？”刘仁轨问道。

大理寺的最高领导，也就是大理寺卿张文瓘（guàn）解释说：“这个人最会审案，善于抓住案件的关键，审得又快又好，这么多年大理寺从没有人能做到像他这样。”

刘仁轨一听也大为赞叹，直接把狄仁杰的考评等级从“中上”提升为“上下”。

过了一段时间，朝廷发生了一件大案子。

左威卫大将军权善才和左监门中郎将范怀义负责带兵守卫唐太宗李世民的陵墓昭陵，手下有一名士兵违反军令，被权善才处罚了。这名士兵怀恨在心，偷偷跑回长安，说发现了重大案件，要求觐(jìn)见皇帝。

见到皇帝之后，这人先大哭了一场，然后说道：“权善才和范怀义他们把昭陵的柏树给砍了，这是大不敬之罪啊。”

当时的皇帝唐高宗（唐太宗的儿子）一听，火冒三丈，马上派人去调查，发现这个士兵说的居然是真的。只不过权善才和范怀义并非有意，而是不小心砍倒了这棵柏树。

即使是这样，这个行为在当时也是大罪。唐高宗不打算原谅这两个人，命令大理寺进行审理。大理寺接到案子，就交给了狄仁杰。

狄仁杰经过一番调查，发现权善才长年征战沙场，是军功卓著的将军；范怀义也一直兢兢业业、尽职尽责。根据唐朝的法律规定，两个人可以用官职来抵死罪。于是，狄仁杰据此判决：免去两个人的官职代替死罪。

唐高宗不满意这个判决，召集宰相和大理寺官员，拍着桌子叫道："不必审了，朕要立刻杀了他们！"

狄仁杰面无惧色，从容答道："根据法律规定，这两人罪不至死，怎能因为一棵柏树就杀掉两名大臣呢？我不敢遵从您的命令。"

"他们砍倒皇陵的树，害得朕不孝，必须

杀！”唐高宗怒气冲冲地说道，没有商量的余地。

狄仁杰毫不退缩，竟和唐高宗争执起来。这时候，旁观的张文瓘有点担心，挥了挥手，让狄仁杰先退下。

狄仁杰并没有退，他冷静了一下，决定改变方式方法。他先是给皇帝讲了张释之处理宗庙玉环被盗案的故事，然后说道：“直言进谏、触怒皇帝这件事，自古以来大家都觉得很难，但臣觉得不难，关键是看处于怎样一个时代，谁当最高统治者。”

唐高宗也慢慢平静下来，狄仁杰继续说：“如果是夏桀、商纣王时代，那就太难了，相当

于找死；如果是处于尧、舜的时代，那就一点儿都不难。臣很幸运，遇到的是像尧、舜一样圣明的君主，所以才敢直言犯上，不怕自己会像比干一样被剖腹掏心。”

狄仁杰这么大一顶“高帽子”戴上来，唐高宗也不好意思生气了，说道：“依照法律规定，确实不应该判处他们死刑，但我太恨他们了，能不能突破法律，杀掉他们呢？”

狄仁杰说：“法律是您制定的，早已向天下人公布，什么罪判处什么刑罚，都写得清楚明白。如果随随便便说改就改，那老百姓以后该怎么办，还要不要遵守法律呢？如果您一定要杀掉他们，那就请您先下令修改法律吧。”

唐高宗也不糊涂，仔细一想，还是狄仁杰说得对。

最终，大理寺判决权善才、范怀义免去官职，流放岭南。

唐高宗赞叹狄仁杰道：“卿能守法，朕有法官。”他还下令将这件事写进史书中，让后人都知道。

后来，狄仁杰到岐(qí)州（今陕西省宝鸡市凤翔区附近）任职，当地有一个多达数百人的强盗团伙，经常拦路打劫，百姓都吓得不敢出门。

官府组织力量进行抓捕，但强盗数量太多，即便抓到了几个，其余的还是在不断作案。

狄仁杰对被抓捕的强盗进行审讯，发现他们都是逃兵。根据军法，逃兵是要被杀头的，只要被抓到就是死路一条，因此他们也就破罐子破摔，在犯罪这条路上走到底了。

“他们已经无路可走，自然会成为祸患。”狄仁杰说。他随后发布了一份告示：如果到官府自首，可以得到宽大处理。同时让人把已经抓捕的逃兵放出去，让他们找到同伙互相转告。

自首从宽

不久，逃兵们纷纷把自己绑起来，到官府投案自首，狄仁杰也信守承诺，免除了他们的死罪。

当地百姓又过上了期盼已久的太平日子，皇帝知道后，夸赞狄仁杰能够灵活变通。

经过这些事，狄仁杰的名气越来越大了。除了善于断案，敢于进谏，狄仁杰还知人善任，政绩颇丰，先后向朝廷举荐了张柬(jiǎn)之、姚崇、桓彦(huán yàn)范等人，这些人后来都成了唐朝的名臣。武则天主政时期，任命狄仁杰为宰相，尊称他为“国老”。武则天的儿子唐睿宗追封他为梁国公。在后世，人们尊称他为“狄梁公”

或“大唐狄公”，杜甫、范仲淹、欧阳修、苏轼等人都曾为他赋诗作文，清圣祖康熙皇帝更称赞他“当时为诸臣第一”。

思考一下

小朋友，狄仁杰是怎样说服唐高宗的，你能跟爸爸妈妈讲一讲吗？

学点古文

仁杰曰："臣闻逆龙鳞，忤人主，自古以为难，臣愚以为不然。居桀、纣时则难，尧、舜时则易。臣今幸逢尧、舜，不惧比干之诛。"

——《旧唐书·狄仁杰传》

古文今译

狄仁杰说："我听说和君主作对，自古以来就是一件危险的事，我不这样认为。君主是夏桀、商纣王的时候是很危险的，但君主是尧和舜的时候就很容易。我现在很幸运遇到了像尧、舜一样的君主，不用害怕像比干一样被杀。"

法制课堂

什么是自首？

自首，是指犯法的人自行向司法机关或有关部门交代自己的罪行。

狄仁杰以自首便可以宽大处理的政策促使强盗们主动投案。从秦汉时期开始，法律就规定了自首能够减刑，这是因为自首表明当事人已经有了悔过之心，而且可以节约司法成本。

现在，根据《中华人民共和国刑法》第 67 条的规定，犯罪以后自动投案，如实供述自己的罪行的，是自首。对于自首的犯罪分子，可以从轻或者减轻处罚。其中，犯罪较轻的，可以免除处罚。

成语积累

沧海遗珠 被采珠者遗漏在大海里的珍珠。比喻被埋没的珍贵事物或杰出人才。

赫赫之功 赫赫：显著盛大的样子。显赫的功业或功劳。

聚精会神 会：集中。原指集中大家的智慧。现指高度集中注意力。

兢兢业业 兢兢：小心谨慎的样子；业业：担心害怕的样子。形容做事小心谨慎，认真踏实。

鞭辟入里 鞭辟：鞭策；里：最里层。原指做学问要切实。现形容言辞、文章道理深刻透彻。

叁

叁

子报父仇

父之仇弗与共戴天

趣读故事

在我国历史上，有一类案件是最让法官为难的，几乎每次发生此类案件，都要引发一场全民大讨论。

是什么案件这么难办呢？就是血亲复仇案，特别是子女为父母报仇的案件。

今天我们来讲一个唐朝的案件，看看

唐朝的皇帝和官员怎么处理此类案件的。

小朋友们请注意，在这个故事里，会出现几位我们非常熟悉的大诗人，他们写的诗被千古传颂，不知道办案的水平怎么样呢？

女皇武则天在位的时候，下邽(guī)（今陕西省渭南市）这个地方，有一个人叫徐元庆，他的父亲徐爽被当地的县尉赵师韫(yùn)杀了。

父亲被杀，徐元庆自然非常悲痛。赵师韫为什么杀徐爽呢？历史书上没有记载，反正，尽管徐元庆非常悲痛，却没有状告赵师韫，也许是不敢，也许是没有证据。总之，他改名换姓，去了一座驿站应聘，成为驿站的工作人员。

驿站相当于现在的旅馆，是古代官员在旅途中休息的场所。徐元庆就在这里，一边工作，一边耐心地等待仇人的到来。

功夫不负有心人！过了很久很久，终于有一天，他等到了赵师韫。

赵师韫此时已经升了官，当上了御史，出差的时候恰巧在这座驿站休息过夜。

机不可失，时不再来。在这个月黑风高的夜晚，徐元庆趁着四下无人，来到赵师韫的房间，手起刀落，干脆利落地手刃了杀父仇人。

杀了朝廷大员，徐元庆非但没有逃跑，反而昂首挺胸地走进官府，投案自首了。

地方官接到这个案子，知道这类案件非同小可，拿不准该如何判决，于是将案件上报朝廷。

武则天和大臣们展开了讨论。

有大臣先站出来讲了一段典故。

孔子的弟子子夏问孔子：“应该怎么对待有杀父之仇的人？”孔子说：“什么事都不要做了，时时刻刻拿起武器准备报仇，绝对不和仇人活在同一片天空之下！”

这位大臣认为，根据孔子的教导，杀父之仇不共戴天，替父亲报仇，是再正确不过的事了。

武则天听了，觉得挺有道理，准备赦免徐元庆。

此时，朝堂上突然有人大喊：“不能放！”

注意，第一位大诗人出现了，他就是陈子昂。陈子昂有一首诗被誉为“古典诗歌中的千古绝唱”：

登幽州台歌

前不见古人，后不见来者。

念天地之悠悠，独怆然而涕下！

面对女皇和同僚们诧异的目光，陈子昂侃侃而谈：“徐元庆为了复仇而杀人，然后主动投案认罪服法，有古代壮士的品格。但是，杀人

偿命是法律的规定，如果就这么放了他，以后谁还会遵守法律呢？大家都自己去报仇得了。而且，徐元庆为什么能让天下人感动？正是因为他不怕死，命都不要也要为父亲报仇，如果让他活下来，反而违背了他的本意啊！”

陈子昂这番长篇大论，听得女皇都迷糊了。

武则天问道：“陈子昂，捡重点说，你想怎么判？”

陈子昂答道：“陛下，我认为应该严格遵守法律，以杀人罪判处徐元庆死刑。然后在他的墓地为他树碑立表，表彰他的一片孝心。”

大家都惊呆了，还有这种神操作？

但大家不得不承认，这样判决的确兼顾了礼与法，同僚们纷纷对陈子昂竖起大拇指，武则天也采纳了陈子昂的意见。

之后，陈子昂将此事写成一篇文章《复仇议状》，文采飞扬，洋洋洒洒，详细说明了他的观点。

陈子昂先是阐明了礼和法的不同作用：礼，

是约束人们行为的，让人们进步的；法，是用来治理国家的。为父亲报仇，是作为儿子的孝义之礼；惩罚罪犯防止动乱，是治国的规范之法，二者不能偏废。

徐元庆为父亲报仇，本意不是作乱，而是在尽儿子的孝道。孝道是国家提倡的，从这个角度来看，徐元庆不能杀。但是，有合法的理由就能杀人吗？每个孩子都有父母，每对父母都有孩子，如果都互相报仇，那冤冤相报何时了，最后怎么收场呢？所以，徐元庆的罪不能赦免。最好的办法就是依法判他死刑，然后再依礼在他墓前立碑，对他的孝道进行大张旗鼓的表彰。

最后，陈子昂十分自信地加了一句：请把我的观点编成法令，永远作为国家法典的一部分。

几十年过去了，徐元庆案件早已淹没在历史的尘埃中，有一个人却发现了不对劲的地方。

此时，第二位大诗人登场。此人是“唐宋八大家”之一，作品众多，下面这首是他的代表作之一：

江雪

千山鸟飞绝，万径人踪灭。

孤舟蓑笠翁，独钓寒江雪。

他就是柳宗元。

柳宗元当时是礼部的一个小官员。有一天，他在查找资料时，看到了徐元庆案和案卷后面所附的《复仇议状》，便准备学习学习。看着看着，他突然拍案而起。思索片刻，他铺开纸张，笔走龙蛇，写下了一篇《驳复仇议》。

在这篇文章中，柳宗元说："礼和法的原则和目标应该是一致的，表彰和处死怎么能用在同一个人身上呢？如果处死一个该表彰的人，那就是法律规定得太过草率；如果表彰一个该处死的人，那就坏了礼法制度。"

柳宗元还指出了这个案件最为关键的一点：

徐元庆的父亲徐爽到底为什么被杀？

如果是因为赵师韫嚣(xiāo)张跋扈(bá hù)，徐爽无辜被害，徐元庆投告无门，不得不想方设法自己报仇，那他的行为完全合情合理，那些失职的官员给他赔礼认错还来不及呢，怎么能够处死他呢？

反之，如果徐爽是因为犯了罪，被赵师韫依法处以死刑，那徐元庆的复仇就是藐(miǎo)视法律，与国家对抗，判处死刑完全没有问题，当然也不应当对他进行表彰。

对于这个问题，柳宗元在卷宗中似乎没找到答案，我们今天当然就更不可能知道。但是柳宗元认为他已经找到了处理此类案件最好的办法，那就是：父母如果因获罪被处死，子女不能复仇；父母如果无辜被害，子女可以复仇。

他在最后写道：“请把我的观点也附在这个卷宗后面，以后如果再有类似的案件，照此办理。”

对徐元庆案的讨论到此为止了，但对这一类案件的讨论显然还没有结束。

几年之后，又发生了一起案件，陕西富平人梁悦为父报仇，手刃仇人秦杲(gǎo)，到县衙自首。

不出意外，这案子又到了皇帝手里。

驳复仇议

此时，第三位大诗人隆重登场，他就是韩愈，位列“唐宋八大家”之首。小朋友一定都背过他的这首名作：

早春呈水部张十八员外

天街小雨润如酥，草色遥看近却无。

最是一年春好处，绝胜烟柳满皇都。

韩愈大体上支持柳宗元的观点，认为这个事要具体问题具体分析。韩愈还针对这类案件的办理程序提出了具体的建议，那就是只要发生类似案件，地方官员不能擅自处理，都要上报给朝廷，朝廷召集法律专家和儒学专家，从法与礼两方面进行分析，商议出一个结果，再报给皇帝决定。

韩愈认为，这样做，就可以兼顾法律与孝道的平衡了。

才华横溢的大诗人们纷纷参与辩论，看来这个问题，是真的难啊！

思考一下

小朋友，故事中出现的三位大诗人，你还知道他们写过的什么诗呢？试着背诵一下吧。

学点古文

父之仇弗与共戴天，兄弟之仇不反兵，交游之仇不同国。

——《礼记·曲礼上》

古文今译

杀害父亲的仇人，不能与他共同生存在一片天空下；杀害兄弟的仇人，要随时携带兵器以备报仇；杀害朋友的仇人，不能与他共处于同一个国家。

法制课堂

遇到问题，如何处理？

在古代社会，血亲复仇案件频发，虽然很多案件并没有记录具体原因，但实际上大多数是因为在当时并不健全的法制体系下，父母无辜被害或被冤杀，子女诉告无门，不得不铤而走险。因此，他们的复仇行为才会得到多数人的同情，进而引发社会争议。

在现代法治社会，对于犯罪造成的侵害，除非符合正当防卫、紧急避险等法律规定的例外情况，绝不允许公民个人对加害人随意采取报复措施。每个人都要通过正当、合法的程序维护自身的合法权益。

成语积累

非同小可 小可：很一般，很平常。不是寻常的小事。形容事情重要或情况严重，不可轻视。

机不可失 机：时机；失：错过。时机难求，不可错过。

月黑风高 高：大。没有月亮，风又特别大的夜晚。

洋洋洒洒 洋洋：丰富；洒洒：连续不断。形容说话、写文章内容多而流畅。

笔走龙蛇 形容书法雄健洒脱，很有气势。

肆

买得救父

趣读故事

在唐朝后期，唐穆宗在位时期，京兆府云阳县（今陕西省咸阳市泾(jīng)阳县云阳镇）有一个人名叫张莅(lì)，好吃懒做，没什么正经工作，也没有钱，只喜欢喝酒，经常喝得醉醺(xūn)醺的。

没钱买酒了，就四处找亲朋好友、街

坊邻居借钱，大家都知道他这副德性，不愿意借钱给他。但他有一个名叫康宪的朋友，心地善良，禁不住张莅软磨硬泡，愿意借些钱给他，还时常接济他一些粮食。康宪经常劝告张莅少喝些酒，找点正经事情做。

这一来二去的，借给张莅的钱也积累成一个不小的数目。到了年底，康宪想着快过年了，自己家也有很多用钱的地方，便找了个日子，到张莅家去，想让他还钱。

谁知，那天张莅喝得酩酊（mǐng dǐng）大醉，正在家中撒酒疯。见康宪上门，不仅不还钱，还指着康宪破口大骂，说他不讲义气，小瞧了自己，

酒

将来发达了，多少钱都能还。

这可真是狗咬吕洞宾——不识好人心。康宪脾气再好，也忍不住生气。于是两人你一句、我一句，吵了起来。

吵着吵着，两人动起手来，打作一团。

张莅身材魁梧，又喝了酒，借着几分酒劲，下手十分凶狠。渐渐地，康宪便落了下风。

张莅扑了上去，用胳膊一把勒(lēi)住康宪的脖子。时间一久，康宪面皮红胀，眼珠突出，喘不上气来，眼瞅着就要被张莅给勒死了。

“父亲！”身后突然传来急切的呼喊声，一个少年从门口直冲进来，这孩子正是康宪 14 岁

的儿子康买得。

知道父亲今天要来张家讨债，康买得本想跟着一起来，康宪却让他在家好好读书。康买得读了半天的书，发现父亲还没有回家，心里七上八下，总觉得不安稳，就来找父亲，正巧看见了这一幕。

康买得急得一边大叫，一边扑了上去，想要把张莅拉下来。可他毕竟只是一个 14 岁的瘦弱少年，如何是张莅的对手。张莅冷冷一笑，勒在康宪脖子上的胳膊丝毫未松，伸出脚一踹，就把康买得踹出去几米远。

康买得强忍着疼痛，从地上爬起来，只见

父亲被勒得快没气了，强撑着眼皮看向自己，嘴唇蠕动着，似乎在说：“跑，快跑！”

康买得感觉一股热血冲上脑门，忘记了身上的疼痛。他左右一看，瞧见旁边有一个木锸（chā）（一种用来挖土的农具），一把抓起木锸往前一扑，向张莅的头上狠狠地砸过去。随着一声惨叫，张莅的头被砸出了一道口子，血流满面。张莅松开了勒着康宪脖子的胳膊，捂着伤口倒了下去。

从死神手里逃脱的康宪，慌忙抱住了惊魂未定的康买得。躺在父亲怀里，康买得才回过神来，吓得浑身发抖，眼泪不受控制地流

了下来。

这时候，张莅的家里人和街坊邻居们听到动静，都赶了过来。大家见此情形慌作一团，一些人赶紧给张莅止血，忙着去喊大夫，一些人将康宪父子俩团团围住，要到官府去报案。

没过一会儿，官府派来了衙役，将康买得带走并关押起来。

三天后，张莅重伤不治，一命呜呼了。他的家人自然要讨个说法，告上官府，要求康买得杀人偿命。

康宪也向官府哭诉，解释说当时自己差点

就被张莅给勒死了，情势危急，儿子只是救父心切才失手杀了人，希望官府饶他一命。

两边争执不下，地方官也觉得头疼，就将案件上报中央审判机构——刑部。

刑部负责审理这个案件的官员名叫孙革，他精通法律，知道根据当时的法律，父亲被别人殴打，儿子去帮忙的，如果将别人打伤，就按照普通的打架斗殴罪减轻三等来确定刑罚；如果将别人打死了，则要和普通的杀人罪一样处理，杀人偿命，判处死刑。

严格按照法律来，康买得自然应该被判处死刑，没什么可争论的，但孙革仔细了解案情之后，觉得不应该这样简单处理。

他到当地进行了一番走访，了解到此案的起因是康宪好心借钱在先，正常讨债在后，康宪并没有挑事打架的故意。而张莅欠钱不还在先，意图杀人在后，明显有错。

康买得在情急之下，为了救父亲错手杀了人，并不是故意杀人，他非但没有恶意，反而是出自一片孝心。

孙革认为，康买得小小年纪，就有这样的勇气和孝心，难能可贵。人人都有父亲，如果康买得被判处死刑，那以后，大家的父亲遇到危险，做子女的是救还是不救呢？

酒

有了主意以后，孙革写奏章向皇帝汇报说，古代圣贤制定法律，都会考虑到亲情的重要性。法律虽然是严肃的，但涉及父子亲情也会稍加变通。汉代的董仲舒也认为，看一个人有没有罪，要看他的心是善良的还是邪恶的。请陛下看在康买得一片孝心，对他宽大处理吧。

唐穆宗看了奏章，觉得很有道理，就发布了一道命令说：康买得年纪还小，就懂得孝道。虽然杀了人应该判死刑，但他急于营救父亲的心情值得同情，如果严格按照法律来定罪，就失去了基本的人情，执法部门将他减轻一等刑罚来治罪吧。

刑部按照圣旨，免去康买得死刑，判了流放。流放是将罪犯送到极为偏远的地方并在当地做苦工的一种刑罚。

思考一下

小朋友，请你根据法制课堂中介绍的现代刑法知识，想一想现在的法官会如何判决康买得的案件呢？

学点古文

康买得尚在童年，能知子道，虽杀人当死，而为父可哀。

——《旧唐书·刑法志》

古文今译

康买得还是一个小孩子，但他知道做儿子的道理，虽然他杀了人应当被判处死刑，但他救父亲的心情值得同情。

法制课堂

正当防卫

法，不能向不法让步。意思是当合法权益受到违法行为的侵害时，我们都有保护自己的权利。

在唐朝，已经出现了正当防卫的条款。如法律规定，“夜无故入人家，主人登时杀者，勿论”，意思是说在夜晚没有原因强行闯入别人家中，被房主当场打死的，不追究房主的责任。

但从康买得案也可以看出，唐朝对普通人身伤害案中的正当防卫的认定还比较严格。

《中华人民共和国刑法》第 20 条第 1 款规定：“为了使国家、公共利益、本人或者他人的人身、财产和其他权利免受正在进行的不法侵害，而采取的制止不法侵害的行为，对不法侵害人造成损害的，属于正当防卫，不负刑事责任。”

同时规定了防卫过当条款，即“正当防卫明显超过必要限度造成重大损害的，应当负刑事责任，但是应当减轻或者免除处罚”。

但对于杀人、抢劫等严重危及人身安全的暴力犯罪，适用无限防卫。也就是说，即便防卫行为造成施暴人重伤或者死亡，也不用负刑事责任。

成语积累

好吃懒做 只讲吃喝，不爱劳动。形容人又馋又懒。

酩酊大醉 酩酊：醉得迷迷糊糊的样子。形容喝酒醉得一塌糊涂。

破口大骂 破口：口出恶语。指用恶语大声地骂人。

惊魂未定 指受到惊吓后心情仍未平静下来。

难能可贵 极难做到的事居然做到了，非常可贵。

伍

伍

包拯断案

明镜高悬

趣读故事

“开封有个包青天，铁面无私辨忠奸”，小朋友们在书本或电视上见过一个脸黑黢(qū)黢的，额头上长着一弯月牙的古代官员吗？他就是我们耳熟能详的包拯(zhěng)，包青天。

包拯是宋仁宗时期的一名官员，因为善于断案、清廉正直受到老百姓的爱戴。

宋朝的时候，人们很喜欢读小说、看戏剧，当时就有人把包拯为民伸冤、断案如神的故事写进小说戏剧里。到了元代，政治黑暗、贪腐盛行，苦难深重的民众渴望公正廉洁的官员来拯救他们于水火之中。恰好，这个时候，以元杂剧为代表的民间曲艺空前繁荣，一大批以包拯为主人公的故事被搬上了舞台，广泛流传开来，最终让包拯变成了“包青天”。

经过几百年的加工流传，关于包拯断案的故事可就太多了，比如大家耳熟能详的“狸猫换太子”。

这个故事讲的是在宋真宗时期，皇帝的两

位妃子刘妃和李妃都怀了孕，如果谁先生下男孩，那么这个孩子就会被立为太子，将来继承皇位。

几个月后，李妃率先临产，顺利生下一名男婴。刘妃心怀嫉妒，便与人合谋，趁着李妃由于分娩筋疲力尽昏睡过去的时候，用一只剥了皮的狸猫替换了刚出世的男婴。

宋真宗见到这只可怕的狸猫，以为李妃生下了妖怪，便将她打入冷宫。不久，刘妃也生下一名男婴，这个孩子便被立为太子。

谁知六年后，刘妃所生的太子生了一场重病，竟夭折了。而那位被狸猫替换掉的李妃之

子，本来刘妃命令宫女将他偷偷杀掉，可这名宫女心地善良，不忍心下手，将孩子偷偷送到皇帝的哥哥家中抚养。

后来，宋真宗老了，没有亲生儿子，只好在哥哥家的孩子们中选一个作为太子，正巧选中了李妃之子。宋真宗死后，太子继承皇位，就是宋仁宗。

而这个时候，因为种种变故，李妃流落宫外，乞讨为生，遇到了包拯。包拯得知真情后，经过巧妙地设计，令真相大白。李妃回到宫中见到了自己的亲生儿子，而已经成为太后的刘妃畏罪自杀。包拯让皇帝母子相认，立下大功，被宋仁宗立为丞相。

故事非常精彩，但是别太当真。虽然历史上真实的宋仁宗确实是李妃所生，却被刘妃养大，和狸猫可没什么关系，和包拯也没什么关系。今天，我们要讲一个真正的包拯判案故事。

包拯在当地方官的时候，一天，一位名叫王大的农民来官府告状，说自己家的牛的舌头被割了。

在当时，普通农民家里，牛是很重要的财产，一头牛能值很多钱，难怪王大火急火燎地来告官了。

“那牛还好吗？”包拯问。

王大回答说：“牛还活着，就是嘴里血流不止，也吃不了草料。”

包拯思考了一会儿，对王大说：“既然舌头都没了，这牛留着也是受罪，你回去把它宰了，把牛肉卖了，还能赚点钱。”

王大吓了一大跳，结结巴巴地说：“大……大人，这事犯……犯法啊！”

包拯笑道：“官府允许你杀的，犯什么法？但是你别大张旗鼓地杀，自己在家杀了，把肉卖给亲朋好友就是了，也先别告诉别人是经过官府同意的。”

王大很听话，回家就把牛杀了，又把牛肉都卖了。

第二天一大早，又有人来告状。包拯升堂一问，这人名叫孙二，告的正是昨天来的王大。

“大人，我要告王大偷偷杀牛。”孙二说道。

“你怎么知道他偷偷杀牛了？”包拯问。

“我们两家是邻居，昨天亲眼见到他家杀牛，还把牛肉拿去卖给了村里的人，晚上我还闻到他家炖牛肉的香味了。”孙二说。

包拯猛地一拍惊堂木，砰的一声巨响吓得孙二腿一软就跪下了。

“大胆孙二，如实招来，你为什么割王大家

牛的舌头，又来诬告他家宰牛？”包拯大吼道，声如洪钟。

孙二吓得浑身发抖，趴在地上不敢抬头。

包拯道：“你与王大有仇，偷偷割了他家牛的舌头，发现他杀牛卖肉之后，又想来告发，让本官判他有罪，本官说得对不对？”

“是，是，大人明察秋毫，小人知错了，求大人宽恕。”孙二见自己的所作所为被包拯一清二楚地揭露出来，哪里还敢狡辩，一股脑儿都交代了。

原来，耕牛在宋朝属于农业生产中的重要劳动力，受朝廷保护，私自宰杀耕牛属于犯罪，是要被判刑的。

王大家牛的舌头被割，牛舌头并不值钱，说明做这件事的人并不是图财，既然不图财，那很可能就是为了报仇。

王大奉官府之命杀牛卖肉，外人并不知道。私自杀牛卖肉是重罪，如果王大真的有仇家，那他的仇家一定不会放过这个报仇的机会，必然到官府来状告王大。

包拯利用孙二急于报仇的心理，设下这个局，让他自动现身了。

孙二招供以后，包拯又找来王大，确认两家确实曾有过纠纷，孙二一直怀恨在心，伺机

公正廉明

报复。

案情水落石出，包拯依法严惩了孙二。

盗割牛舌案虽然没有狸猫换太子案那么离奇，但也体现出包拯确实是一位善于断案的能吏。

除了断案如神，包拯的铁面无私也确有其事。

包拯曾经在家乡庐州（今安徽省合肥市）任职，他家的亲朋好友都很得意，以为能得到他的庇护，就开始胡作非为起来。不久，他的一个舅舅犯了案，被带到公堂上。舅舅本来还想求求情，没想到包拯根本不给他机会，三下五除二作出判决，把舅舅狠狠打了一顿。这一下，亲朋好友们都吓坏了，再也不敢胡作非为了。

对家人，包拯不徇私情；对权贵，包拯丝毫不惧。他担任御史的时候，拥有弹劾官员的权力，弹劾就是对官员的违法犯罪行为进行检举揭发。他先后弹劾过宰相、王爷的女婿、贵妃的伯父，等等。

因为敢于弹劾，当时的人们送了他一个有趣的外号叫“包弹”。在评价官员时，如果是清官廉吏，大家就叫“没包弹”，而贪官恶吏，则叫“有包弹”。

俗话说，打铁还需自身硬。包拯能成为“包弹”，自然也是十分清廉的人。

包拯在端州（今广东省肇庆市）任职时，当地出产一种非常名贵的砚(yàn)台——端砚，每年都要向皇帝进贡一定数量。以前端州的官员都会在进贡的数量之外再加一些，自己留着用或者拿去送人，这逐渐成了一项惯例。包拯到任之后，废除了这一做法。等他几年后离开端州时，他的行李里面一方端砚都没有。

包拯深受百姓爱戴。每一次，包拯离开任职的地方，百姓们都会自发地前来送行，表达依依不舍之情。在他去世的时候，全城的百姓都为他哀悼。现在，在河南省开封市、安徽省合肥市、广东省肇庆市等地都建有包公祠，前来怀念他的游客络绎不绝。

思考一下

小朋友，你还听说过关于包青天的什么故事呢？给爸爸妈妈讲一讲吧。

学点古文

后世子孙仕宦，有犯赃者，不得放归本家，死不得葬大茔中。不从吾志，非吾子若孙也。

——《宋史 · 包拯传》

古文今译

后代子孙当官，有贪赃枉法的，就不能再回老家，死了也不能葬进祖坟，不能传承我的志向的，就不是我的子孙。

法制课堂

公生明　廉生威

为官公正，才能使政治清明；为官清廉，才能在百姓中树立威信。

包拯之所以能够成为中国历史上官员的表率，除了自身的能力，更重要的在于他为官公正、清廉。

“廉者，民之表也；贪者，民之贼也。”包拯这句话的意思是：廉洁的官吏，是人民的表率；贪污的官吏，是人民的盗贼。

现在，《中华人民共和国公务员法》规定，清正廉洁，公道正派是公务员应当履行的义务。

成语积累

铁面无私 形容刚直公正，不畏权势，不讲情面。

火急火燎 心里急得像火烧一样。形容心情像火烧一样急迫。

声如洪钟 洪钟：大钟。形容说话、歌唱底气足，声音洪亮。

胡作非为 非：不合理的，错误的。毫无顾忌地任意做坏事。

络绎不绝 络绎：往来不断，前后相接。形容人马、车船来来往往，连接不断。

陆

陆

宋慈洗冤

洗冤集録
——宋慈
莫定不
難乎
欽頒洗冤録
律例館校正
刑官
遵循理獄莫之或訛禮云命理瞻傷察

趣读故事

有这样一群人，他们总是出现在凶案现场，但他们不是警察；他们对人体器官了如指掌，能够洞若观火地处理伤情，但他们不是医生；他们精研深通形形色色的凶器、毒药和犯罪手法，但他们不是坏人……

他们就是法医，职责是运用科学的方法对犯罪现场、尸体和物证等进行检验、鉴定和分析，为司法机关提供鉴定意见。在古代，从事类似工作的人往往被称作仵（wǔ）作、令史、提刑官等，虽然当时的法医技术还不发达，古人照样凭借智慧留下了许多传奇故事。

南宋时期，有一天，一名女子哭哭啼啼到官府来报案。

“大人，我丈夫昨天出门，一直都没有回家，今天早上家里人去找，发现他，他竟被人杀了，呜呜呜……”女子号啕大哭起来。

听说发生了命案，官府马上重视起来，派

了提刑官和许多衙役，跟着女子来到案发现场。

一条隐蔽的山路旁边，一名男子倒在地上，已死去多时。提刑官马上勘察现场、检验尸体。发现死者衣服完整，身上的财物都还在，全身有十几处伤口，从伤口的形状判断，应该是被镰刀砍伤，凶手下手非常残忍。

提刑官马上叫来女子，问道："你丈夫最近跟谁结仇了吗？"

女子问道："并没有跟谁结仇，大人为什么这么问？"

提刑官说："财物都还在，说明凶手不是为了抢钱，那很大的可能就是仇杀了。你再仔细

想想。”

女子低头想了一会儿：“对了，前几天，邻村有一个人来找他借钱，我丈夫没有同意，他说过几天还要来借。走的时候，他俩好像吵了几句。”

“好，我知道了。”提刑官说完，让衙役到周边几个村子，通知所有人都拿上家里的镰刀，到附近的一个小广场集合，如果抗拒不来的，就直接抓起来。

镰刀是家家户户都有的普通农具，村民们不知所以，但也不敢不来，于是都带着镰刀聚集到广场。

提刑官把这些镰刀都做上记号，一排排地摆在地上，共有七八十把。当时正是夏天，到了正午，艳阳高照，镰刀都被晒得发烫。

村民们都围在旁边，一边看一边议论，不知道这是要干啥。

过了一会儿，渐渐有苍蝇成群飞过来，蜂拥到其中一把镰刀上，层层叠叠地堆在上面不肯散去。

“这把镰刀是谁的？”提刑官问，但没有人回答。

提刑官看了看镰刀上的记号，指向人群中的一名男子。这时，报案的女子大叫起来：“大人，他就是找我丈夫借钱的人。”

“抓起来。”提刑官手一挥，衙役们一拥而上，就把这人给摁住了。

“大人，冤枉啊！我什么也没做过。”男子被压在地上大喊。

“是吗？看来你还不服气，带上来！”衙役们把男子带到提刑官面前。

“这把镰刀是你的吧？”提刑官指着那把满是苍蝇的镰刀问道。

男子眼神闪烁，吞吞吐吐地说：“是，是我的。”

“昨天用它干什么了吗？”

“没，没有。”

“撒谎！”提刑官大声说道，“苍蝇逐臭，尤其会被血腥味吸引。镰刀虽然清洗过了，人闻不出来味道，但苍蝇的嗅觉比人要敏感得多，太阳一晒，温度升高，苍蝇很快就能循着味道找过来。这么多苍蝇，说明你这把镰刀必然沾过血腥。说吧，是不是你杀了人？”

男子听了这番话，双腿一软瘫倒在地，竹筒倒豆子一般，什么都招了。

原来，正是因为借钱不得，男子心生仇恨，拿着镰刀杀了人。

有人要问了，这把镰刀如果杀过鸡鸭呢？不也会沾上血腥吗？

镰刀，是一种农具，主要用来收割麦子稻子，一般并不作为屠宰工具，所以这种可能性很低。

而且，男子的嫌疑并不仅仅因为镰刀，还因为他没借到钱，对死者产生了仇恨，这就形成了一条证据链。再加以审讯，得到口供，基本上就可以定案了。

一起复杂的命案就靠着一群苍蝇轻轻松松地侦破了，这位提刑官真的有一手。

过了几天，又有一位村民来报案，说他的外甥和邻居家的儿子一起到山上去开荒种地，几天没回家。大家去找，发现两个人都死了。

提刑官马上带着人去现场查验，发现山里有一间小茅舍，是两人开荒住的地方。一个人死在屋外面，脖子断了，头上脸上都有刀伤；另一个人死在屋里面，脖子和后脑都有刀伤。两个人的财物完好，衣服没有损坏。

有人说：“财物都在，肯定不是强盗，莫不是他俩打架吧？屋外的这个先被杀，然后屋里的畏罪自杀。”

大家纷纷点头称是。

提刑官说：“不对，屋里那个人，后脑勺也有刀伤，而且是致命伤。谁自杀会用刀砍自己的后脑勺呢？手使得上力吗？”

提刑官下令追捕凶犯，没几天，果然抓到一个人。跟两名死者素有仇怨，才把他们一起杀了。

案件真相大白，罪犯也接受了法律的制裁。

小朋友，通过这两个故事，是不是很佩服这位提刑官呢？现在到解密时间了，他就是鼎鼎大名的宋慈，我国历史上一位著名的法医。

当时很多官员，审案子就是问口供，问不到就刑讯逼供，常常因此造成冤假错案。而宋慈审案定罪非常谨慎，他主张一定要到现场勘验，通过各种特殊的检验手法取得直接证据，从而探明案件真相。

俗话说，天网恢恢，疏而不漏。宋慈便是能将那天网织补得密密实实的能工巧匠。

宋慈总结了各朝各代法医工作的经验，再加上自己创设的一些办法，写成了《洗冤集录》一书。这本书的内容非常丰富，关于怎么检查伤口、检验尸体、血型鉴定、伤情鉴别、毒物分辨、急救法、治疗中毒的药方等都有记载。《洗冤集录》是世界上最早的法医学专著，宋慈也因此被尊为世界法医学鼻祖。

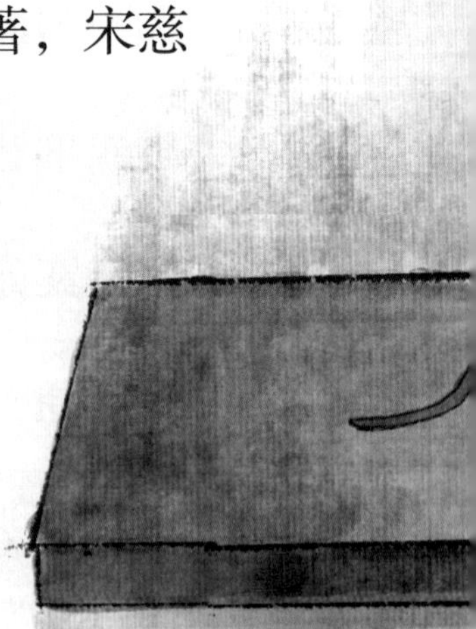

思考一下

小朋友，请你像宋慈一样对身边的事物仔细观察，看看有什么发现吧。

学点古文

检官指刀令自看："众人镰刀无蝇子，今汝杀人，血腥气犹在，蝇子集聚，岂可隐耶？"左右环视者失声叹服，而杀人者叩首服罪。

——《洗冤集录》

古文今译

检验官员指着镰刀让他自己看："大家的镰刀上都没有苍蝇，而你杀了人，镰刀上的血腥气还在，引来苍蝇聚集，这怎么能隐瞒呢？"在场围观的人不禁发出赞叹的声音，而杀人者也叩头认罪。

法制课堂

什么是法医？

“真正的死亡，是世界上再没有一个人记得你。”

但是有一种职业的人，他们不会遗忘每一个枉死的灵魂，并且拥有让死者“开口说话”的本事，那就是法医。

中国是世界上文献记载法医学实践活动最早的国家，最早在《礼记》和《吕氏春秋》中就记载了检验损伤和法医检验制度的内容。到了宋朝，宋慈写成《洗冤集录》，这是世界上现存最早的法医学专著，因此宋慈被称为“世界法医学之父”。

在现代，法医学已经发展成为一门专门的学科，它以医学为基础，广泛应用生物学、化学、物理学等其他学科的理论和技术，研究并解决法律实践中有关人身损害、死亡、身份鉴识等问题。

法医的重要使命可以用一句话来概括——“为生者权，为死者言”。

“为生者权”是指在一些案件中，法医出具关于伤情、损伤等的司法鉴定报告，为法官定罪、量刑、判决赔偿提供科学依据，维护当事人合法权益。

“为死者言”则是指在涉及死亡的意外事件或刑事案件中，法医通过检验勘察，揭开死亡的真相，还逝者一个公道。

成语积累

号啕大哭 号：大声哭。形容放声大哭。

不知所以 所以：为什么。不明白为什么会是这样。指原因不明。

能工巧匠 指技艺精湛的工匠。

洞若观火 洞：透彻。清楚得就像看火一样。形容观察事物明白透彻。

天网恢恢，疏而不漏 天网：天道的网。天道像一个网，极为广阔，作恶者逃不出天道的惩罚。现形容作恶者终究难逃国法的制裁。